LA FRANCE DÉCHUE

LA
FRANCE DÉCHUE

PAR

M. L. DEROME

PARIS

E. LACHAUD, LIBRAIRE-ÉDITEUR

4, PLACE DU THÉATRE-FRANÇAIS, 4

—

1871

AVANT-PROPOS

Les tristes événements de l'année dernière et de cette année
continuent de peser sur la pensée de tout le monde. Les récits
et les commentaires affluent. Il est bon que les éléments même
secondaires de la question soient étudiés et mis en évidence ;
il serait meilleur que les causes générales et profondes de
l'échec terrible qui vient de nous atteindre fussent recher-
chées, que le public pût en avoir la notion claire et précise.
Deux faits sont hors de doute : la France a été jusqu'à ce jour
et se croyait encore hier une puissance militaire de premier
ordre, et elle ne l'est plus ; elle a été pourvue jusqu'à la révolution d'institutions politiques qui lui ont procuré durant des
siècles entiers l'ordre à l'intérieur et au dehors une autorité
presque sans rivale. Or, de même qu'elle a perdu son prestige
militaire, elle a perdu son influence extérieure et la sécurité
au dedans. En présence d'une fortune si différente de l'an-
cienne, il est difficile de ne pas remarquer ceci : quand la
France était en possession de ses vertus militaires, elle était
une nation agricole, hiérarchisée ; elle avait des mœurs et des
croyances fixes. Aujourd'hui qu'elle a perdu ses qualités militaires, sa puissance politique, qu'elle est en proie à une
guerre civile qui dure depuis quatre-vingts ans sans intermit-
tence, dans les esprits sinon dans la rue, elle est devenue un
pays industriel ; ses mœurs vont à la dérive ; ce qui reste de

ses croyances historiques est en butte aux invectives des pamphlétaires et des sectes, sans garantie légale.

Ses biens actuels ne rendent politiquement pas ce que rendaient ses institutions et ses mœurs d'autrefois ; il n'y a pas moyen de ne pas le voir.

Les institutions détruites au profit des droits de l'homme, n'étaient pas un modèle, dit-on. Soit ; elles étaient vieilles, mal équilibrées, mal servies, méprisées et dignes de l'être. Encore vaut-il mieux pour un peuple avoir des institutions défectueuses que de n'en avoir pas du tout. L'événement vient de le démontrer. Il n'y a donc plus d'institutions en France ? Non vraiment. Il y a en revanche un outil politique qui est la proscription systématique de toute espèce d'institutions. C'est cette théorie pure et simple de la force qu'on nomme le suffrage universel. C'est lui qui fait le droit, qui fait le mérite, qui fait la raison et en change tous les jours en vertu même de son principe. S'il déclarait que deux et deux font cinq, deux et deux feraient cinq.

« Il y a deux sortes de barbarie, dit Condillac, celle qui précède et celle qui suit les siècles éclairés. » La France est menacée de la seconde, qui est la barbarie démocratique ; elle ne reprendra son assiette et n'aura le droit d'espérer un avenir que le jour où elle aura brisé le joujou funeste que lui a légué le citoyen de Genève, c'est-à-dire le jour où elle consentira à rétablir chez elle des institutions.

LA FRANCE DÉCHUE

I

— Le temps n'est plus où l'empereur Napoléon III, fier d'avoir .fait rentrer la France dans ce qu'il appelait « le giron des vieilles monarchies européennes, » voyait s'ouvrir devant elle et devant sa dynastie des horizons sans fin. Sedan est venu couper court à de si beaux rêves. Pourtant les événements n'ont rien appris à l'ex-empereur. Un mois après le désastre de Sedan, l'empereur Napoléon III écrivait de Wilhelmshœhe à sir John Burgoyne, qu'au début de la guerre, l'armée française avait été surprise « en flagrant délit de formation. » Telle est la cause de notre ruine. Il a fallu se résigner à la défensive, battre en retraite ; puis, on n'a pas fait retraite assez tôt ; puis encore, des raisons politiques ont empêché l'armée du maréchal Mac-Mahon de couvrir Paris ; puis enfin les mêmes raisons politiques ont déterminé la marche dont Sedan est le couronnement.

Les gens attentifs ne sont pas satisfaits de cette explication. Ils ne comprennent pas qu'une campagne malheureuse puisse creuser un pareil abîme, que les convulsions de cette année néfaste soient le résultat d'une maladresse militaire même. compliquée de raisons politiques. D'autre part, les meneurs habituels de l'opinion ont perdu quelque chose de leur jactance ; on remarque dans leur attitude et dans la réserve qu'ils apportent à traiter certains sujets dont ils faisaient auparavant leurs délices, que leur conscience est inquiète et leurs souvenirs poignants. Par exemple, on ne les entend plus spéculer sur les grandeurs que la civilisation saint-simonienne nous réserve. Il y a quinze mois, ce n'était pas la même chose. Les principes révolutionnaires étaient un évangile ; quand le cœur de la Révolution battait, le devoir du genre humain était de faire silence. La révolution était le verbe, non pas de Dieu, car il n'y a pas de Dieu dans le ciel révolutionnaire, — de même qu'ils ne veulent pas de tyran dans ce monde, les purs n'en veulent pas dans l'autre, — mais de la justice et du droit. Qui n'a encore les oreilles pleines de la mission que la France avait reçue de Marat et des amis de Marat, de son ascendant littéraire, artistique, scientifique, démocratique ? La Prusse, les hommes de la Défense nationale et de la Commune ont tari la source de cette éloquence. Tant qu'il s'agit de gouverner les choses humaines dans une taverne ou dans un journal, les sophistes ont beau jeu ; mais leur incapacité « se reconnaît à des traits foudroyants » quand la lutte s'engage avec des rivaux que les mots n'effrayent point, « dressés par les travaux d'une longue vie à l'exécution des plans séculaires de leur race. »

M. Le Play, un des grands esprits de notre âge, que le public français connaît trop peu, mais qui jouit à l'étranger d'une considération méritée, a entrepris, dans une série d'opuscules (1) rédigés par demandes et par réponses, d'élucider un à un les problèmes sociaux dont les circonstances

La Paix sociale, réponse aux questions qui se posent dans l'Occident depuis le désastre de 1871, Tours 1871 ; 1 vol. in-18, chez Mame. — *L'introduction* seule a paru et contient le programme de l'ouvrage entier.

imposent à notre pays la solution sous peine de mort. La résolution hardie d'examiner sans scrupule et sans faiblesse le détail de notre situation morale et politique, de mettre le fer dans chacune de nos plaies, est de celles qui font honneur à celui qui les prend, mais offrent plusieurs sortes d'inconvénients. M. Le Play a dû y songer. Il est inutile d'insister sur ce point. L'éminent publiciste s'attend sans doute aux invectives qui le menacent, et il sait combien ceux qui abusent chaque jour de la liberté de la presse l'aiment peu chez leurs adversaires. Nous aurons plusieurs fois à invoquer l'autorité de M. Le Play.

Un côté saillant de notre désastre est de ne pouvoir être nié ni atténué. Il est là, qui parle aux yeux, déconcerte l'imagination, atteint jusqu'au ventre de ceux à qui la pensée fait défaut. S'il n'était point matériel, ceux dont la mauvaise foi se meut à l'aise dans le domaine des passions vulgaires le contesteraient volontiers, habitués qu'ils sont à savoir qu'il suffit d'être violent pour avoir raison. C'est une ressource qui leur manque; placés en face du fait, ils sont contraints de l'avouer, quelles que puissent être les conséquences de cet aveu. Quelle est la cause de la catastrophe qui vient d'arriver ? Ce n'est pas un mystère ; tout le monde en a le sens clair : la catastrophe dont il s'agit a une origine révolutionnaire; cette cause est dans le désordre des mœurs, dans le développement des appétits sensuels, dans le fait que la nation, devenue industrielle, a perdu ses qualités militaires, dans l'égoïsme, dans l'application des maximes que les sectes radicales ont mises en honneur. Celles-ci ont fait de leurs vices et de leurs convoitises une religion, qu'elles justifient par ces paroles de J.-J. Rousseau, leur maître : « Il n'y a point de perversité originelle dans le cœur humain... Les premiers mouvements de la nature sont toujours droits. » Le positivisme contemporain a fait de ces maximes une nouvelle théorie du devoir. « La jouissance d'une volupté pure est ce qu'il y a de plus réel pour nous dans ce monde, » écrivait Frédéric II. Le positivisme est de cet avis. Or, c'est la science qui mène à une volupté pure.

Faisons appel aux savants, dit M. Gambetta dans son discours de Bordeaux; qu'ils prennent l'initiative... nous aurons résolu par là le plus vital de tous les problèmes, que je résume ainsi.., par la diffusion de la science pour tous, rendre au pays sa vigueur morale et politique.

M. Gambetta est fidèle à son programme qui est de flatter les bas instincts de la foule, à qui la science promet de changer la mer en limonade, selon l'heureuse expression de Fourier. Ignore-t-il que la science ne procure à ses adeptes ni du courage, ni de la probité, ni de la sobriété, ni de l'énergie morale, son office étant d'amollir, puisqu'elle restreint la destinée de l'homme à l'acquisition du bien-être ? Ceux qui possèdent la vraie science savent combien celle de Saint-Simon et de Fourier est peu productive à cet égard, étrangère à la vertu qui est la condition de la force.

Si M. Gambetta, dit M. Le Play, fait son appel, non aux savants de fantaisie que son discours signale, mais à l'élite des savants des deux mondes, il les entendra déclarer leur incompétence en matière de régénération morale et politique.

La science, en effet, est une qualité de l'esprit et la vertu un fait de mœurs produit par l'éducation, c'est-à-dire par des habitudes viriles, auxquelles l'art de jouer au domino n'est pas un acheminement.

Il est d'ailleurs commode d'en appeler à la science ; on peut écouter cette leçon sans éprouver de remords, sans être contraint de renoncer à ses vices.

Ces manifestations, dit encore M. Le Play, s'adressent habituellement à des populations dégradées par le vice et l'imprévoyance ; elles font entrevoir vaguement des remèdes qui dispenseraient chacun de réagir contre ses mauvais instincts ; à ce titre, elles sont toujours bien accueillies au grand profit des orateurs en quête de suffrages et au grand dommage du peuple qui les écoute.

Au fait, on n'est pas obligé de le flatter pour rien ; ce serait un métier de dupe.

Quand on sort d'assister aux spectacles que la Commune et le gouvernement du 4 septembre ont offerts, on comprend tout de suite que l'issue de la guerre de 1870 n'est qu'un incident de notre décadence. Les causes premières de cette décadence sont déjà loin. Elles consistent dans la banque-route de l'ancien régime, dans l'avilissement des mœurs et des caractères qui l'ont occasionnée, dans les doctrines funestes du 18e siècle, dans l'excès de bien-être produit par l'application des sciences naturelles à l'industrie. Peut-être aussi la race en France est-elle vieille. Dans ce cas, l'esprit de révolution dans lequel elle s'est incarnée ne serait qu'un effet de l'ennui qui mine sa vieillesse. Quoi qu'il en soit, l'esprit de révolution nous a été fatal. Il y a dix-huit mois, il a paralysé les derniers efforts militaires de l'empire ; le 4 septembre, il a dissous notre système ad-ministratif devant l'ennemi, annihilé nos moyens de résis-tance, livré le pouvoir à une poignée d'ambitieux tarés et les honnêtes gens aux entreprises d'une minorité de fruits secs et de malfaiteurs. L'esprit de révolution a déconsidéré la liberté politique, dont il a fait une manœuvre à l'usage des partis ; il a atteint même les classes supérieures de la société, dont l'attitude tracassière a forcé les gouvernements à chercher ailleurs un appui. Il leur a fallu attribuer au droit de suffrage une étendue qui, dans aucun temps et chez au-cune race, ne lui avait été donnée par une nation civilisée, avoir recours à des plébiscites illusoires, et crouler en défi-nitive par l'excès même des moyens employés. Ce sont moins les gouvernements qui sont coupables que la nation devenue ingouvernable, qui a forcé ses chefs d'occuper son imagination malade par des entreprises faites au hasard.

Quelques-unes ont réussi ; la dernière a échoué de la manière que l'on sait. Est-ce la faute de l'empire? Oui et non. Sa principale faute est d'avoir été faible. D'une part, il a sacrifié l'armée à une opposition hypocrite, qui voulait lui ravir ce moyen d'action, qu'elle considérait à juste titre comme le plus grand obstacle à ses desseins ; d'autre part, il a entrepris une guerre qui lui répugnait, sans les ressources nécessaires, toujours en vue de désarmer l'opposition, qui cherchait dans un échec militaire une occasion de le détruire, calcul très-patriotique du reste. On avait déjà reproché à l'Empire d'avoir provoqué l'éclosion d'une littérature malsaine, propre à détourner les esprits de toute spéculation politique. Il est certain que l'Empire a eu cette mauvaise pensée, que la débauche publique lui a servi d'agent. Mais que dire d'un peuple qui se laisse prendre à cet appas? La littérature malsaine dont on se plaint n'aurait pas eu de succès si ses produits n'avaient eu le public pour acheteur et pour complice. Il est doux d'accuser de ses vices ceux qui en ont été les pourvoyeurs ; il serait plus conforme à l'honneur de n'accuser que soi-même des fautes qu'on a commises. S'il est vil d'avoir fourni la faculté de les commettre, il l'est bien davantage de l'avoir acceptée. Voilà où mène la nécessité d'être agréable à ses commettants : on est obligé de servir leurs passions, et quand la honte vient, ce sont les complaisants des vices qu'ils ont servis qui ont à en prendre la responsabilité. Après tout, l'ambition mérite cette récompense.

II

— Ces récriminations sont au surplus inutiles. Le
mal est fait. Au moins, y a-t-il un remède? Oui, sans aucun doute ; mais il est où on ne l'ira pas chercher, c'est-à-
dire dans le retour aux bonnes mœurs, dans le retour à la
tradition. Il faut convenir que c'est ennuyeux. Pourtant,
s'il n'y a pas d'autre voie ouverte?

Il y a beaucoup à gagner, en fait de mœurs, dit l'auteur de *l'Esprit des lois*, qui n'était pas un curé, à garder les coutumes anciennes. Comme les peuples corrompus font rarement de grandes
choses, qu'ils n'ont guère établi de société, fondé de villes, donné
de lois et, qu'au contraire, ceux qui avaient des mœurs simples et
austères, ont fait la plupart des établissements, rappeler les hommes
aux maximes anciennes, c'est ordinairement les rappeler à la
vertu.

Allez offrir un conseil de ce genre aux disciples de Cour-
bet ou aux lecteurs du *Siècle*. Leur évangile est connu ; il
se résume dans le droit de tout faire. Sur des passions de
cette nature la raison n'a pas de prise, ni l'histoire d'enseignement. Ce n'est pas d'hier qu'il en est ainsi. Jadis l'ar-
gument ordinaire du législateur, en pareil cas, était un

glaive. La douceur de nos mœurs n'autorise plus cette façon d'argumenter.

Au fait, la restauration des mœurs n'est pas une œuvre qu'il puisse être donné à la force d'accomplir. La force n'est qu'un moyen extrême. Il est vrai que le présent n'en aura bientôt plus d'autre. La gendarmerie tend chaque jour à devenir la religion des temps modernes. La démocratie ne conçoit pas d'autre culte à offrir à Dieu. De Maistre avait raison : les pierres des couvents que vous démolissez, disait-il, ne suffiront pas à construire les prisons qu'il vous faudra bientôt. La prophétie du comte de Maistre est accomplie. On peut compter les prisons qu'il y a en France ; leur nombre dépasse celui des couvents de l'ère féodale ; leur personnel est plus considérable. Il est permis de ne pas aimer les moines ; mais si peu de sympathie qu'ils inspirent, il est difficile de leur préférer les habitants des bagnes et des maisons centrales du 19e siècle. Les moines de Toulon témoignent de la douceur de nos mœurs. *Timor domini initium sapientiœ*, dit la Bible ; elle ne dit pas qu'il y eût des bagnes en Judée. Sa violence est toute verbale. Chez nous, les paroles sont douces comme du miel, mais les actes sont de fer.

Enfin la force est la justice des temps barbares, mais la civilisation doit procéder par d'autres voies. Il y a donc un moyen de rendre aux mœurs leur empire. M. Le Play le fait consister dans le respect des autorités sociales. On s'y est toujours soumis, dit-il, et nos maux actuels résultent de fait qu'on a cessé de s'y soumettre. A quels signes distingue-t-on les autorités sociales ? Aux suivants, selon M. Le Play :

Elles subordonnent leur conduite à la loi morale et à la tradition des ancêtres ; elles sont vouées à un travail utile ; elles préservent du dénuement les masses imprévoyantes placées dans le cercle où s'étend leur influence ; elles font régner la paix au foyer et à l'atelier par la force qu'elles puisent dans l'affection et le respect de leurs subordonnés ; enfin, quand l'erreur et la tyrannie des gouvernants n'y font point obstacle, elles usent de leur ascendant pour affermir également la paix sociale dans les corporations de bien public, comme dans la commune, la province et l'Etat.

L'estime de tous et quelques distinctions honorifiques sont les récompenses qu'elles affectionnent. Le pouvoir n'est pas pour elles une vache à traire, ni la flatterie des mauvais instincts un métier. De la fortune, les autorités sociales en ont, qu'elles ont acquise par les voies ordinaires, c'est-à-dire par le travail, l'épargne ou le talent; elles se composent d'hommes éminents soit par la vertu, soit par la fortune, soit par leur condition et leur mérite personnel. Les publicistes en parlent au point de vue politique sous le nom d'*influences légitimes*. Les sophistes leur ont ravi une part importan te de la considération dont elles jouissaient. Pourtant l'opinion s'est souvenue d'elles, l'hiver dernier, quand la France était sous le pied de l'ennemi. Aux heures de péril, on aperçoit vite d'où le secours peut venir ; on s'est empressé d'envoyer les autorités sociales siéger sur les bancs de l'Assemblée nationale. Cet empressement ne doit pas s'entendre des villes où règne le parti des sophistes, et en particulier de la ville de Paris. Dans la ville de Paris, au mois de février 1871, et l'événement mérite de passer à la postérité, les autorités sociales se trouvaient être MM. Louis Blanc, Victor Hugo, Garibaldi, Quinet, Gambetta, Rochefort, Delescluze, Félix Pyat, Lockroy, Gambon, Ranc, Malon, Clémenceau, Jean Brunet, Floquet, Cournet, Tolain, Tirard, Razoua, Millière, etc. Au dessous de ces étoiles et parmi les autorités sociales de second ordre, en possession de la confiance publique, les repris de justice et les forçats libérés étaient en nombre. Il est vrai que, depuis, le geôlier a repris ses droits sur la plupart, sinon sur tous. Il est vrai encore que les autorités naturelles ont pu ressaisir une part de leur influence. Ce n'est pas définitif.

Elles vont avoir affaire comme auparavant à un stock immense d'avocats sans causes, de journalistes sans lecteurs, de lettrés sans gloire, qui aspirent par le développement de ce qu'il leur plaît d'appeler l'*instruction* et la *diffusion des lumières* à augmenter leur clientèle. Le client est à ces messieurs ce qu'une recrue était jadis à un chef de routiers. Il faut à chacun d'eux une compagnie à commander dans l'armée qu'ils destinent à escalader les marches du pouvoir quand ils auront réussi à la former. Ils ont fait alliance contre les autorités naturelles avec une corporation puissante qui étend ses ramifications sur tous les points du territoire, celle des débitants de boissons. Au moyen âge, c'était dans ces lieux-là que les capitaines de compagnies franches établissaient leurs quartiers. La méthode n'a pas changé. Le régime du 4 septembre a inauguré une ère nouvelle, l'ère des cabaretiers.

> *Sous ce régime dégradant*, dit M. Le Play, les nouveaux maires usurpaient violemment le pouvoir à la tête de leurs clients, avec les encouragements du préfet. Chaque autorité ainsi établie se montrait reconnaissante sans perdre de vue son commerce : elle gaspillait le trésor municipal en travaux inutiles, au profit de ceux qui venaient consommer leur salaire à son cabaret... une ère nouvelle de dégradation a été imposée à notre race par cette honteuse domination.

Le 29 juin 1871, le *Journal officiel* constatait en France l'existence de 339,000 débits de boissons. C'est un débit de boissons par 108 habitants. Si le mouvement de cet hiver continuait, le temps viendrait bientôt où la moitié des maires de France seraient cabaretiers ; il s'établirait bientôt une féodalité nouvelle fondée sur le goût de l'ivresse. Le pays se régénérera par l'esprit de feu, comme disent les Peaux-Rouges d'Amérique.

C'est une belle perspective. Que parle-t-on, d'ailleurs, de se régénérer ? C'est un mot qu'on n'avait pas entendu retentir depuis 1789, où la France s'était déjà régénérée.

Se peut-il qu'il faille la régénérer si souvent ? Alors elle est bien sujette à dégénérer. On imaginait volontiers que les immortels principes de 89 nous avaient régénérés pour toujours. C'était encore la leçon d'il y a dix-huit mois. On était au premier rang parmi les peuples. Lorsqu'il arrivait à quelqu'un de demander des détails, on invoquait la vapeur, l'électricité, les chemins de fer, la photographie, la physique, la chimie, l'industrie, le commerce, la grande duchesse de Gérolstein. Il était impossible de résister à cette énnmération. Un doute exprimé sur la valeur politique du progrès industriel eût été considéré comme un sacrilége. On eût été un homme à supprimer par mesure hygiénique. Depuis qu'un ouragan a dérangé l'édifice du progrès, les hymnes ont cessé. Un morne étonnement a succédé à l'enthousiasme positiviste. Les Prussiens sont entrés dans notre progrès comme un couteau dans une motte de beurre. Les merveilles de la science n'ont été d'aucun secours ; elles ne nous ont pas fourni d'armées ; elles n'ont pas fait taire les appétits d'en bas, empêché les incendies de s'allumer, le meurtre et l'insurrection de déshonorer Paris. On était surtout fier de notre réseau de voies ferrées. A quoi ont-elles servi ? à transporter et à approvisionner l'ennemi.

Ces voies tant vantées, dit M. Le Play, ont en quelques semaines amené le succès d'une invasion qui, dans l'ancien état du territoire, eût exigé des années. Elles nous tiennent courbés en ce moment sous une servitude plus dure que celle des juifs à Babylone.

Supprimez les frontières, supprimez les armées permanentes, supprimez les engins de mort, supprimez les forteresses, rendez-en le terrain à l'agriculture, nous criait l'école humanitaire. C'est bien ce qu'on a fait. L'école humanitaire a lieu d'être contente. En même temps, les Prussiens en rient et ils ont raison : l'école humanitaire est notre bourreau.

Le progrès matériel, chez les nations amollies par le bien-être qu'il donne, se résume dans l'exploitation des pays industriels par les pays militaires. Les sectaires de la religion de la science, n'ont, au surplus, pas eu de peine à convertir à leur doctrine des générations vénales vouées au culte exclusif de leurs appétits. Ils répétaient sur les toits que le progrès matériel est l'agent du progrès moral. L'esprit d'invention, en matière scientifique, devait conduire le XIXᵉ siècle français à un degré de force et de vertu sans exemple antérieur. Le résultat est concluant. M. Le Play leur répond en outre au nom des sciences morales dont ils nient l'existence.

L'esprit d'invention est aussi stérile dans l'ordre moral qu'il est fécond dans l'ordre physique. Le progrès moral n'est qu'une meilleure pratique de la vérité connue ; le progrès matériel se trouve surtout dans la découverte de nouvelles vérités. Dans l'ordre moral, la pratique est infiniment *au-dessus* de la connaissance des principes ; dans l'ordre matériel, il a souvent acquis, malgré l'ignorance des principes, un haut degré de perfection. — Le progrès moral amène toujours un accroissement de prospérité ; le progrès matériel, s'il n'est point accompagné d'un progrès équivalent dans l'ordre moral, amène toujours la décadence.

Les apôtres du progrès matériel justifient encore leurs théories, en invoquant les résultats du mépris de la tradition et de l'esprit d'innovation systématique introduit par eux dans toutes les branches de l'économie sociale. Voyez, disent-ils, nous sommes plus heureux ; nous sommes plus grands ; nous sommes plus estimés de l'Europe ! On connaît maintenant le bonheur qne l'Europe nous envie, la force militaire et diplomatique que l'Europe nous envie, la gloire que l'Europe nous envie, et bien autre chose que l'Europe nous envie, y compris le Code civil, qui a ruiné en France la famille et la propriété et sera peut-être le testament de la civilisation en Occident.

Examinons un instant ces trois côtés de notre grandeur. Nous sommes plus heureux, en ce sens que nous sommes plus riches.

Pecuniæ autem oportet ut imperes, non servias.

En d'autres termes, nos besoins s'accroissent à mesure qu'il est plus facile de les satisfaire. Les besoins artificiels contractés au contact des jouissances créées par l'excès de la production sont devenus une véritable obsession ; ils nous traînent à la remorque, nous enserrent de liens qui sont un servitude de tous les instants. Ils se traduisent, du reste, par un accroissement de travail correspondant. Cet accroissement de travail, de quelque nom qu'on essaie de le désigner, est un assujétissement à la matière, une servitude de plus, s'il faut en croire la tradition, qui a toujours accolé au mot travail physique l'adjectif *servile*. Les besoins acquis par l'humanité moderne sont d'ailleurs d'une nature telle qu'ils effraient le moraliste et l'homme d'Etat. Ils s'appellent l'ivrognerie, qui est une plaie moderne, peu connue de l'antiquité comme vice social ; ils s'appellent le tabac, qui est aussi une plaie moderne qui éteint l'imagination et provoque l'ennui ; ils s'appellent le suicide, qui est le terme extrême d'une maladie dont l'ennui est le premier symptôme. Pourquoi les modernes s'enivrent-ils ? Parce qu'ils s'ennuient, que leur imagination est étiolée, vieillie. Pourquoi fument-ils ? Parce qu'ils s'ennuient, que leur imagination terne ne suffit plus à maintenir dans leur cerveau une chaleur suffisante. Pourquoi ont-ils recours au suicide ? Parce qu'à une certaine période de son développement l'ennui n'est plus supportable. Tout cela signifie que le moral tombe. Si l'on observe en outre que l'ivresse, les narcotiques et le suicide ne fleurissent que dans les contrées où le bien-être matériel est très-large, on aura tout de suite le secret des rapports qui existent entre le progrès matériel et le progrès moral.

L'instabilité des conditions est un autre agrément de notre bonheur actuel. Le régime industriel, qui est un fait sans analogie dans l'histoire, a groupé, dans deux ou trois mille centres d'Europe et d'Amérique, une population instable qu'on peut évaluer à cent millions d'âmes. Tous sont à la merci d'une crise, d'un incendie ou d'une banqueroute ; si la crise était générale, ce serait la fin du système, un effondrement. Les crises partielles sont quotidiennes. Lorsqu'elles n'ont pas lieu sur un point, elles ont lieu sur un autre; du jour au lendemain elles jettent des milliers d'êtres humains à la voirie. Sans qu'il y ait de crise, la condition faite à l'ouvrier sous le régime industriel est plus dure que l'esclavage antique. Au moins l'esclave grec et romain était sûr du vivre et du couvert. Il n'en est pas de même de l'ouvrier de nos usines : un souffle de vent peut l'emporter. La chute d'une maison de banque, la dépréciation d'un produit, le succès d'un instrument nouveau, lui ôtent ses moyens d'existence. Pour lui le manque de sécurité est absolu. C'est à cette école qu'il a appris à être imprévoyant. Il considère la vie comme une loterie au tirage de laquelle il a pris un mauvais numéro. Son isolement est une autre cause de désespoir. Le régime des corporations lui offrait des garanties à cet égard. L'assistance mutuelle en était le fondement ; elle protégeait l'ouvrior contre le chômage, elle l'assurait contre les effets d'une maladie soudaine. Il n'a plus cette protection. Les immortels principes de 89 s'opposent à ce qu'il l'aie. En 1791, les ouvriers parisiens, inquiets de la suppression des corporations, manifestaient le désir d'en fonder de nouvelles. L'Assemblée nationale leur fit répondre (14 juin) par le député Chapelier :

Il ne doit pas être permis aux citoyens de se réunir pour leurs prétendus intérêts communs. C'est à la nation, c'est aux officiers publics, en son nom, à fournir des travaux à ceux qui en ont besoin et des secours aux infirmes.

C'est la théorie du communisme national, une préface à la doctrine de M. L. Blanc sur le droit au travail. Les ateliers nationaux de 1848 sont une application du principe, et les travaux publics entrepris dans les grandes villes par le second empire une seconde édition des ateliers nationaux. On doit à ces idées funestes l'abandon de plus en plus marqué du travail agricole. Un grand nombre d'ouvriers attirés par l'appât fallacieux d'un salaire plus élevé, ont quitté les champs où ils trouvaient une rémunération moindre mais un travail assuré, pour affluer dans les villes où ils ont rencontré le marchand de vin, l'isolement, le chômage, l'excitation à la débauche et à l'insurrection. Si on faisait l'inventaire du bien-être qui est le partage des autres classes urbaines de la population industrielle et commerciale, on rencontrerait partout ce manque de sécurité qui fait du progrès industriel une aventure de la civilisation. On a renoncé à faire comme les ancêtres qui cherchaient, à bon droit, le bonheur dans l'habitude, et la vie est devenue une loterie.

Maintenant le présent est-il plus fort que le passé? Ce n'est pas démontré. Il dispose d'avantages que le passé n'avait point. Ces avantages, conquis à grand'peine et puisés dans une connaissance plus étendue de la nature, assurent provisoirement à l'Occident une domination incontestée sur le reste du monde. Comme ils sont communs à la plupart des peuples de l'Europe, ils ont peu changé leur situation respective. Mais on peut ajouter à ceci qu'aux mains de l'ambition, de la violence et de l'habileté, celui qui arrive à s'en emparer avant que les autres aient eu le temps d'organiser leur défense, est le maître de tous. La France de 1870, a été victime de ce procédé. Il est possible qu'elle l'emploie à son tour à un jour donné. Il n'en est pas moins vrai que l'indépendance des Etats est compromise sans retour. Aujourd'hui un conquérant, d'où qu'il vienne, peut s'emparer de l'Europe en quelques années. Napoléon l'aurait fait au début du dix-neuvième siècle, si les engins de destruction qu'on possède eussent existé de tous temps. Pourquoi un autre ne le ferait-il pas? Pourquoi l'Occident ne serait-il pas menacé d'un joug qu'il n'a pas encore connu? Quoi qu'il arrive, la France actuelle est en ruines. La défaite qu'elle a subie récemment n'est qu'une étape dans l'épopée de sa déchéance.

Au 18ᵉ siècle, à la veille de la Révolution, sa puissance

relative était quatre ou cinq fois supérieure à ce qu'elle est de nos jours. Elle avait vingt-trois millions d'âmes ; la Grande-Bretagne en avait dix à douze, la Prusse huit. L'Italie n'existait pas. L'Autriche était déjà une agglomération impuissante ; la Russie, à demi sauvage, sans la Pologne et la Finlande, ne faisait ombrage à aucune puissance de premier ordre. Enfin, les Etats-Unis, à peine émancipés, ne comptaient point parmi les puissances. Que l'on compare cet état de choses à celui qui nous entoure.

Nous avons perdu nos frontières de l'Est ; nous avons perdu nos colonies ; nous avons perdu nos alliés historiques. La race anglo-saxonne nous tient en échec sur tous les points du globe ; l'Allemagne unifiée menace notre existence ; la Russie, à la tête des nations slaves, domine le continent. Ces diverses puissances, supérieures à nous par le chiffre et l'énergie de leur population, sont en outre pourvues d'institutions stables, qui, en garantissant chez elles la paix intérieure, leur permettent de consacrer tous leurs efforts à l'accroissement de la supériorité qu'elles ont déjà. Abaissement au dehors, crises périodiques au dedans, plus d'institutions, plus de foi dans l'avenir, un hébètement presque brutal, voilà ce que la France doit aux idées révolutionnaires. Elles ont opéré sur elle comme la fièvre sur le tempérament d'un homme robuste. Après l'avoir secouée et contorsionnée durant quatre-vingts ans, elles l'ont jetée à terre épuisée, mourante et flétrie. Ce sont les grandeurs... que l'Europe nous envie.

Elle envie aussi notre gloire, à ce que supposent les publicistes aux leçons desquels assiste avec recueillement le peuple souverain.

C'est ainsi, dit M. Le Play, que la nation se persuade depuis longtemps qu'elle s'est assuré l'admiration et le succès par les révolutions qui n'ont fait qu'aggraver les maux de la monarchie absolue, qui n'ont produit au dedans que la décadence, et qui n'ont suscité au dehors que le mépris.

Ces illusions sont-elles à la veille de disparaître? L'expérience qu'on vient de payer si cher coupera-t-elle court aux exercices oratoires des flatteurs intéressés qui égarent l'opinion à leur bénéfice personnel? Il serait naïf de le croire. Tant que l'éloquence et la servilité réunies rapporteront quelque chose à ceux qui en jouent, on peut s'attendre à voir cultiver ce bel art. L'avidité d'une part, et la vanité de l'autre continueront de soumettre l'honneur et les intérêts publics aux entreprises de l'ambition.

Mais enfin, dira-t-on, pour que la majeure partie de nos populations urbaines soit ainsi affolée des idées révolutionnaires, il faut que celles-ci leur rapportent quelque chose ? Il est bien facile de voir ce qu'elles rapportent. Elles rapportent la Commune, la ruine des intérêts, la prison, le massacre. Quand la représentation est finie, les choses reprennent leur train ordinaire. Elles procurent néanmoins une satisfaction : tous les vingt ans, elles assouvissent les haines accumulées dans l'intervalle qui sépare une révolution d'une autre. Proudhon a écrit que la démocratie c'était l'envie. Oui, mais c'est encore plus la haine.

IV

Au spectacle des événements accomplis, on se demande
si la France a une voie de salut ouverte devant elle.
S'il y en a une, elle n'est certes pas dans la direction où le
pays est engagé. Elle est dans le retour aux principes, qui
font la grandeur des nations prospères, et qui jadis ont
fait la sienne. Il s'agit d'abord de remettre en honneur
l'idée de patrie, détruite ou amoindrie par la philosophie
humanitaire. Les idées au nom desquelles les disciples de
Rousseau ont vaincu l'Europe faisaient abstraction de l'idée
de patrie. Par le fait de la victoire, elles ont provisoirement
agrandi la France, qu'en définitive elles ont laissée sur le
champ de bataille démantelée et sanglante. Il y a cinquante
ans que, chassés du pouvoir, les principes de Rousseau,
tranformés par les sectes politiques et sociales, continuent
leur mission dissolvante. Cachés sous le titre pompeux *du
progrès*, et amalgamés avec ceux de l'athéisme et du maté-
rialisme, ils prêchent aujourd'hui la fraternité universelle,
le bonheur général par le plaisir. C'est la doctrine d'Épi-
cure appliquée aux sciences politiques. Plus de frontières,

plus de haines entre les nations. Elles sont faites pour vivre en paix et exploiter en commun les trois règnes de la nature. L'ère scientifique et positiviste succède à jamais à l'ère de la violence et du privilége. Il n'y aura plus de guerres, il n'y aura plus de patries. Au lieu de l'isolement dans lequel ils ont vécu, on convie les hommes à un banquet éternel dans un monde nouveau, dans lequel l'état social nommé *civilisation* laissera le souvenir d'une période de douleur et d'injustice inférieure à l'état sauvage lui-même. Le second Empire, s'associant à ces maximes dans la mesure de son pouvoir, préparait à sa manière l'avénement du *régime harmonique.* La guerre d'Italie et l'unification de l'Allemagne, qui a entraîné l'invasion de notre territoire, sont les fruits de cette belle conception. Qui ne se souvient des théories officielles et officieuses fondées sur ces lieux communs et qui se traduisaient dans le langage diplomatique par le principe des nationalités, celui de l'indépendance des peuples, du progrès indéfini par le commerce et l'échange. On voyait poindre à l'horizon le jour où l'humanité s'agenouillerait devant la France, sa fille aînée.

Or, cet hiver, l'humanité n'est pas venue au secours de sa fille aînée. Parmi les nations, celles qui lui devaient leur existence politique, c'est-à-dire l'Italie et les Etats-Unis, non-seulement ne l'ont point secourue, mais ont manifesté une joie indiscrète à la vue des maux qui affligeaient la France. Cet exemple est de nature à ouvrir les yeux d'un grand nombre. On commence à comprendre ce que signifie la rhétorique creuse à l'aide de laquelle tant d'hommes politiques ont fait chez nous une fortune facile. Ce que les sectes humanitaires ont fait à Paris cette année est un autre enseignement.

Ceux qui condamnent le patriotisme au nom des intérêts supérieurs de l'humanité, dit M. Le Play, épuisent en paroles leurs trésors de fraternité pour les races éloignées ou inconnues ; et il ne leur reste en fait, pour leurs frères les plus proches, que des sentiments d'envie, de haine et de cruauté.

On gémit sur le sort des Romains soumis au joug du tyran pontifical ; on gémit sur la Pologne écrasée par le czar, et quand on a bien gémi, afin de varier un peu ses occupations, on va mettre le feu à l'Hôtel de Ville ou on donne l'ordre de « faire flamber finances. »

Jucundum nihil est, nisi quod reficit varietas.

Un autre principe éteint est le sentiment de l'obéissance au devoir. L'esprit d'obéissance est une condition essentielle de la vie civilisée ; il s'étend du reste à nos connaissances comme à nos devoirs. Dans les sciences d'observation, il s'appelle méthode ; dans l'art militaire, il se nomme discipline. Il signifie tout à fait le contraire du mot liberté, au sens démocratique de ce mot. C'est l'absence complète de cette chose en France qui a surpris les Prussiens et leur a fait dire que la France était atteinte d'une maladie particulière, qu'ils définissent : *une manie raisonnante.* Hélas ! oui ; chez nous, on discute au lieu d'obéir et d'agir. Discuter au lieu d'agir est un droit *imprescriptible,* comme ils disent dans leur jargon. Cela opère dans la société comme la putréfaction dans un corps vivant : cela désagrége. Le caractère dominant de cette haine de l'obéissance et du devoir est le mépris des autorités naturelles.

L'opinion, dit M. Le Play, se montre de plus en plus hostile aux supériorités réelles créées par le talent, la fortune ou la naissance ; mais ce sentiment est inspiré par la haine ou l'envie, non par la juste notion de l'égalité. L'abaissement actuel des Français devant les peuples qu'ils ont longtemps surpassés résulte précisément de cette tendance à méconnaître les supériorités naturelles, à niveler leur race en détruisant tout ce qui l'élevait et l'honorait autrefois.

Le droit de suffrage organisé comme il l'est maintenant est un moyen sûr de détruire les supériorités naturelles. La postérité ne voudra jamais croire que la France ait pu consentir à confier sa destinée à cet outil de destruction. L'expérience n'a pas confirmé les illusions de Jefferson, qui considérait le droit de suffrage comme une méthode qui sert à mettre systématiquement le pouvoir aux mains des autorités naturelles.

> Je considère l'aristocratie naturelle, écrivait de Paris en 1787 le futur président des Etats-Unis, comme le don le plus précieux que nous fasse la nature pour l'instruction de la société, pour la direction et le maniement des affaires... La meilleure forme de gouvernement est celle qui pourvoit avec efficacité à ce que les fonctions publiques soient exclusivement confiées à des *aristoi* naturels. Je crois que le meilleur remède est... de laisser aux citoyens le droit de séparer par des élections libres les véritables *aristoi* des *pseudo-aristoi*. Les hommes de nos états... peuvent avec sécurité se réserver à eux-mêmes un contrôle salutaire sur les affaires publiques et un degré de liberté qui, dans les mains de la *canaille* des villes d'Europe, serait bientôt employé à la destruction des intérêts publics...

Les prévisions de l'illustre américain à propos de e r-taines classes urbaines se sont réalisées. Quant aux *aristoi*, que le droit de suffrage tel qu'on le pratique parmi nous devait élever au pouvoir, il ne l'a fait jusqu'ici que par exception. Il n'a pas été plus favorable à la liberté politique. Ils sont encore vrais, ces mots que Proudhon écrivait à Blanqui en 1841 :

> L'histoire du vote universel chez tous les peuples est l'histoire des proscriptions de la liberté par et au nom de la multitude.

Des changements partiels à cet état de choses ne rendraient point aux autorités naturelles une influence suffisante. C'est l'opinion qu'il faudrait changer. L'ère des sophistes qui ont autrefois perdu le monde classique a recommencé avec J.-J. Rousseau. La domination des sophistes est en pleine floraison. Les catastrophes ne l'ébranlent pas. C'est un vent auquel rien n'est capable de faire obstacle.

> La dernière catastrophe, dit M. Le Play, a été le résultat direct du système qui, contrairement à la tradition de tous les peuples

civilisés, confie à des masses ignorantes et dégradées le choix des gouvernants. Comme l'avait prévu, dès 1787, l'ardent propagateur de la démocratie américaine (Jefferson), nos populations urbaines n'ont jamais usé du droit de suffrage pour confier la direction et le maniement des affaires à l'aristocratie du talent et de la vertu. Plus vaniteuses que les souverains de la décadence, elles ont accueilli les grossières flatteries des sophistes et des ambitieux. Sous cette influence, elles se laissent entraîner aux entreprises les plus coupables avec une naïveté d'égoïsme qu'on n'avait jamais vue au milieu des hiérarchies les plus corrompues.

Il est naïf en effet d'afficher dans un programme public qu'on a l'intention de s'emparer du capital et de la propriété, qui sont l'épargne de ceux qui les ont. Les voleurs de grands chemins n'ont pas d'autre programme.

Si de pareilles théories avaient non pas chance de succès, mais chance de tenir longtemps la société en échec, ce serait la fin de la nationalité française. Heureusement la dépravation a des bornes. On n'est jamais plus près de guérir que le jour où le mal est à son paroxysme. Peut-être y a-t-il lieu d'espérer que l'heure actuelle est la crise suprême d'une maladie séculaire. Or il est rare que les nations meurent d'une crise si violente qu'on le suppose. Même quand une civilisation s'écroule, la race au milieu de laquelle le phénomène a lieu lui survit. Si étendue que soit une civilisation, elle ne couvre jamais que la surface d'un groupe humain comme est la France. C'est l'écorce d'un puissant végétal : quand l'écorce s'en va, le tronc reste.

Ce n'est pas la première fois d'ailleurs que la France semble à la veille de faire un naufrage définitif. Au XV⁰ siècle, après Azincourt, les Cabochiens, successeurs des Maillotins, qui étaient les révolutionnaires et les communeux du temps, tuaient quelquefois huit jours durant dans Paris, à la suite de quoi les Anglais entraient, après avoir occupé les trois quarts du territoire. M. de Bismarck n'est pas plus fort que Henri V de Lancastre, dont « la parole tranchoit comme un rasoir, » dit Monstrelet. Pourtant Jeanne d'Arc et Louis XI ont refait la France. Au XVI° siècle, les Ligueurs, qui étaient aussi les communeux du temps, tuaient également dans Paris, où Philippe II, qui n'était pas non plus le premier venu, tenait garnison. Henri IV, Richelieu et Louis XIV ont de même refait la France. Est-elle morte enfin? Non; il y a des cœurs qui continuent de battre pour elle. Elle a dans le sang des éléments impurs; le radicalisme est une gangrène qui opère sur elle comme le vaccin, qui est un poison. C'est sans doute un signe de santé prochaine. La France a une étoile. Ceux qui le croiront seront sauvés eux-mêmes et auront contribué au salut de la patrie.

PARIS. — IMPR. DE DUBUISSON ET Cᵉ, 5, RUE COQ-HÉRON.